espiar els banyistes
que amaguen la panxa

tenir una barca i fer amistat
amb algú que no en tingui cap

destruir l'escultura de sorra
abans de marxar

fer un elefant de sorra

saltar les onades

que et deixin anar a comprar sense cap adult

Títol original: *In spiaggia*

www.patioeditorial.com

ISBN: 978-84-17114-41-1
Dipòsit legal: B. 24.930-2017

www.topipittori.it

Imprès a Itàlia

Susanna Mattiangeli   Vessela Nikolova

A la platja

patio

Quan anem a la platja em diuen:
fes un forat a la sorra, però, sisplau,
no t'allunyis.

Sota la sorra hi ha més sorra.
Després de cavar una estona, hi podem trobar palets, embolcalls de gelat i algun tap.
Sota la sorra hi ha més sorra, però humida.

Al final es forma una basseta d'aigua que esperava ser descoberta per algú. Llavors he d'anar a cercar petxines per guarnir el contorn del forat. Però, és clar, sense allunyar-me.
No és difícil. Només he de recordar que el nostre para-sol és vermell. I que està situat davant mateix del mar.

Quan cerco petxines, trobo molts peus.
Són peus de persones que no els utilitzen.
Els enfonsen dins la sorra i se'ls miren.

Són persones que estan molt cansades, però no poden dormir perquè han d'escoltar discursos importants, o mirar la gent d'amagat, o pensar coses dificilíssimes.

Però, sobretot, han d'estar ajagudes i quietes molta estona sota el sol.

N'hi ha que estan soles i trien un lloc tranquil,
d'altres estan cansades i van juntes.

Les persones que no volen quedar-se quietes, a més de caminar, poden jugar a pilota o nadar amb aletes.

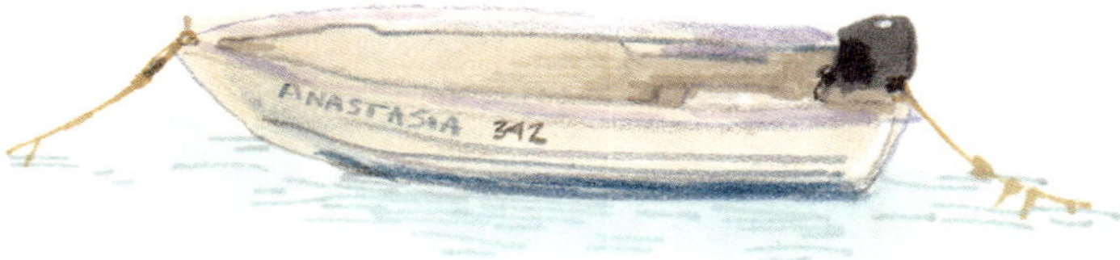
342

493 - MAGDALENA LKD

Jo em bellugo, però no m'allunyo,
perquè el nostre para-sol és davant mateix del mar,
i davant d'aquell vaixell.

O davant d'aquell altre?

Tant se val, jo sempre em quedo
a la vora, collint petxines.

Si alço el cap veig
molts culs.

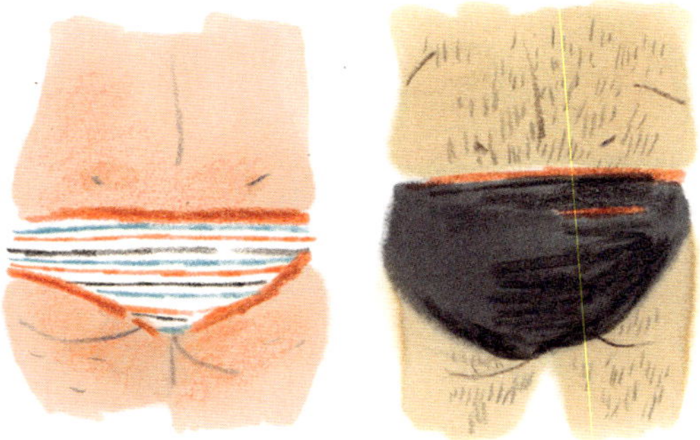

Culs que caminen,
que corren,

culs solitaris,

parelles de culs,

culs en fileres de quatre.

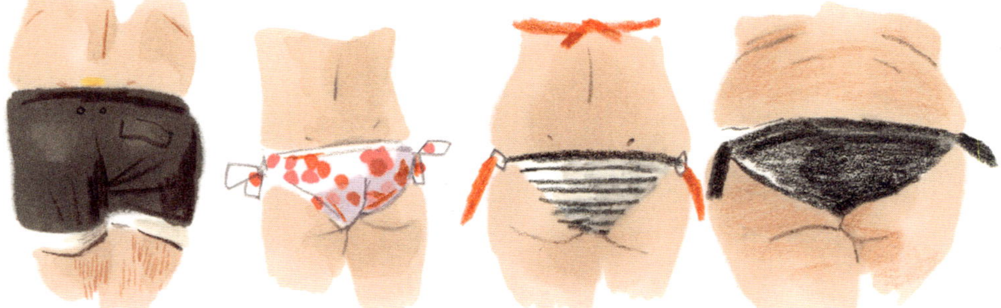

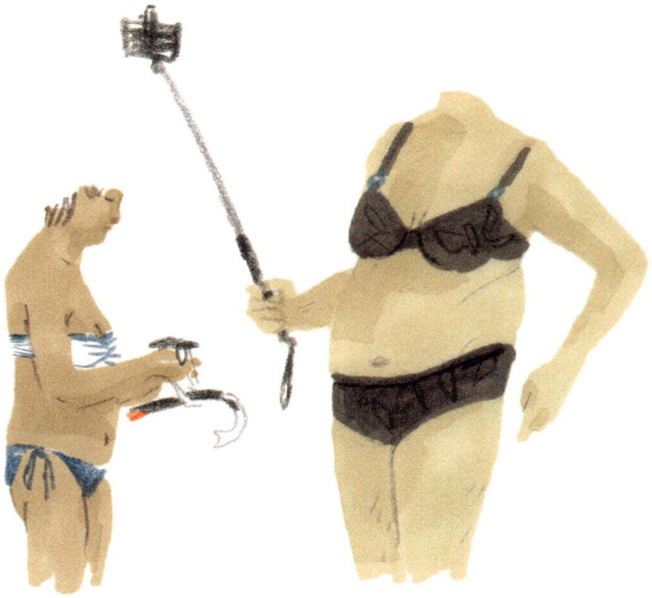

Al costat dels culs hi ha panxes
que venen cap a mi i em fan
enretirar per deixar-les passar.

Envoltant les panxes i els culs
hi ha cares d'infants.
Cares pigades, amb ulleres,
amb alguna cosa que els surt del nas.

N'hi ha que juguen sols
i d'altres que de seguida
s'agrupen i juguen plegats.

Amb alguns nens puc collir petxines,
jugar a tocar i parar, i buscar més petxines,
però tot d'una els ve la gana i tornen al seu para-sol,
que és com el meu,

però no és el meu.

El meu és aquí al costat, davant mateix del mar.

Segurament deu ser un d'aquests, enmig de totes aquestes persones grans i petites, quietes, que miren dretes el mar o seuen amb les cames encreuades i que no sé què estan pensant, que es posen les aletes o que s'estan eixugant.

El meu forat era per aquí, n'estic segura.
Quan et perds te n'adones perquè tens ganes de plorar.
Però jo no em puc haver perdut
perquè no m'he allunyat gens ni mica.
Encara soc aquí, enmig de tot això.
És el mateix mar d'abans, que ve i se'n va,
que vol entrar a la platja, endur-se la pala,
ficar-se dins el forat i tornar a marxar
deixant-ho tot ben pla i ben moll.

12

Tots els para-sols s'assemblen al teu para-sol
quan el busques. I tots els forats semblen el teu forat.
He de recular, perquè la platja s'acaba
i la gent ja no ensenya el cul, no jeu a la sorra
mirant-se els peus. Després d'aquesta línia
tots es posen els pantalons curts
i caminen drets.

Em giro, ara el darrere és el davant,
aquí es converteix en allà.

Les veus de la platja
no se senten bé perquè
aquest mar no calla mai,
però tot d'una les veus
diuen noms i entre ells
criden el meu.
El meu nom únic pronunciat
per la veu única que prové
de l'únic para-sol vermell
que és el meu.

Era exactament allà,
on ha estat sempre,
davant mateix del mar, i
a sota hi ha la tovallola
i la bossa dels entrepans.

Em donen un tros de pizza, no estan enfadats,
no s'han adonat de res.
El meu forat continua allà, al seu lloc,
esperant-me.

Ja els he dit que no m'he allunyat.

Coses no tan divertides per fer a la platja

que et posin crema

quedar-te una estona
quieta a l'ombreta

vigilar de no destorbar els
veïns del para-sol del costat

trobar-te la senyora
de l'any passat

que et diguin com has crescut

sortir de l'aigua perquè
els llavis se't tornen blaus